Valéria Macedo

YANOMAMI

KRAHÔ

KUIKURO

GUARANI MBYA

Aldeias, palavras e mundos indígenas

ILUSTRAÇÕES

Mariana Massarani

Companhia das Letrinhas

Grafia atualizada segundo o Acordo Ortográfico da Língua Portuguesa de 1990, que entrou em vigor no Brasil em 2009.

Capa e projeto gráfico
Silvia Massaro

Preparação
Andressa Bezerra Corrêa

Revisão
Viviane T. Mendes
Adriana Moreira Pedro
Thaís Totino Richter

Tratamento de imagem
M Gallego • Studio de Artes Gráficas

Dados Internacionais de Catalogação na Publicação (CIP)
(Câmara Brasileira do Livro, SP, Brasil)

Macedo, Valéria
Aldeias, palavras e mundos indígenas / Valéria Macedo; ilustrações de Mariana Massarani. — 2ª ed. — São Paulo : Companhia das Letrinhas, 2019.

ISBN 978-85-7406-869-5

1. Contos indígenas — Literatura infantojuvenil
I. Massarani, Mariana. II. Título.

14-03236 CDD-028.5

Índices para catálogo sistemático:
1. Contos indígenas : Literatura infantojuvenil 028.5
2. Contos indígenas : Literatura juvenil 028.5

2ª edição
10ª reimpressão

EDITORA SCHWARCZ S.A.
Rua Bandeira Paulista, 702, cj. 32
04532-002 — São Paulo — SP
(11) 3707-3500
www.companhiadasletrinhas.com.br
www.blogdaletrinhas.com.br
/companhiadasletrinhas
@companhiadasletrinhas
/CanalLetrinhaZ

Para minha filha Lígia, grande companheira nessa e em muitas outras viagens.

Sumário

VENEZUELA
RORAIMA
OCEANO ATLÂNTICO
AMAZONAS
PARÁ
TOCANTINS
MATO GROSSO
BRASIL
ESPÍRITO SANTO
SÃO PAULO
RIO DE JANEIRO
OCEANO PACÍFICO
PARAGUAI
PARANÁ
SANTA CATARINA
RIO GRANDE DO SUL
ARGENTINA
N
URUGUAI
YANOMAMI
KRAHÔ
KUIKURO
GUARANI MBYA

Convite a uma viagem

Nas páginas deste livro você poderá fazer uma viagem por aldeias que imaginamos a partir de informações sobre quatro povos indígenas que vivem no Brasil: ***Yanomami***, ***Krahô***, ***Kuikuro*** e ***Guarani Mbya***. Eles fazem parte dos 305 povos indígenas[1] que habitam o território brasileiro, e alguns deles também habitam países vizinhos.

Nesta aventura, aprendemos como morar, pintar-se, enfeitar-se, fazer objetos, festejar, brincar, falar e viver pode variar muito entre os diferentes grupos. Junto com os desenhos, apresentamos algumas palavras que aprendemos na língua de cada povo.[2] Assim, quem visita as aldeias deste livro pode experimentar um pouco a diferença nas línguas e nos modos de viver.

Essa diferença entre os povos indígenas e outros do mundo todo, inclusive o povo de que a gente mesmo faz parte, é que faz a vida mais interessante, bonita e cheia de possibilidades. Se todo mundo vivesse igualzinho, não teríamos com quem aprender e trocar.

Boa viagem!

Valéria Macedo

1 Segundo dados publicados pelo censo do IBGE, em 2010, e que podem ser atualizados em recenseamentos posteriores.
2 Essas palavras eram, inicialmente, apenas faladas, por isso sua grafia pode variar.

As aldeias dos **YANOMAMI** costumam ser construídas em clareiras no meio da Floresta Amazônica. Em muitas delas só se chega a pé, de canoa ou de avião. Podem ser formadas por uma única casa feita de madeira e folhas de palmeira, com o centro aberto para o céu. Nessa casa-aldeia moram dezenas ou até centenas de pessoas. Os **YANOMAMI** vivem no Brasil e na Venezuela. São mais ou menos 35 mil pessoas, das quais cerca de 24 mil vivem no nosso país, nos estados do Amazonas e de Roraima. Existem pelo menos quatro línguas da família linguística **YANOMAMI**. A aldeia em que nos inspiramos aqui fala a língua Yanomae.

Há muitos anos, os **YANOMAMI** vêm defendendo a floresta contra a invasão daqueles que querem derrubar árvores para vender madeira ou sujar os rios em busca de ouro!

UMA VIDA INSPIRADA
NO POVO

YANOMAMI

CASA-ALDEIA
YANO A

FLECHA
XARAKA A

MULHER
SUWE

CESTO
WĨ A

HOMEM
WÃRO A

ONÇA
ĨRA A

TATU
OPO A

PUPUNHA
RAXA KĨKĨ

FLORESTA
URIHI A

Nas aldeias do povo KRAHÔ, as casas formam um círculo com um pátio no meio, onde acontecem as cantorias e as festas. Em volta da aldeia são realizadas as corridas de toras de árvore. Hoje existem mais de 3 mil KRAHÔ, que fazem parte de um conjunto de povos conhecidos como Timbira, os quais vivem e falam de modo parecido. As aldeias KRAHÔ ficam no Tocantins, em uma região de Cerrado, onde as plantas são baixas e as árvores espalhadas. Os KRAHÔ protegem as plantas e os animais do Cerrado, que estão cada vez mais ameaçados pelas fazendas da região, onde toda a vegetação é substituída pelo plantio de apenas um produto, como a soja.

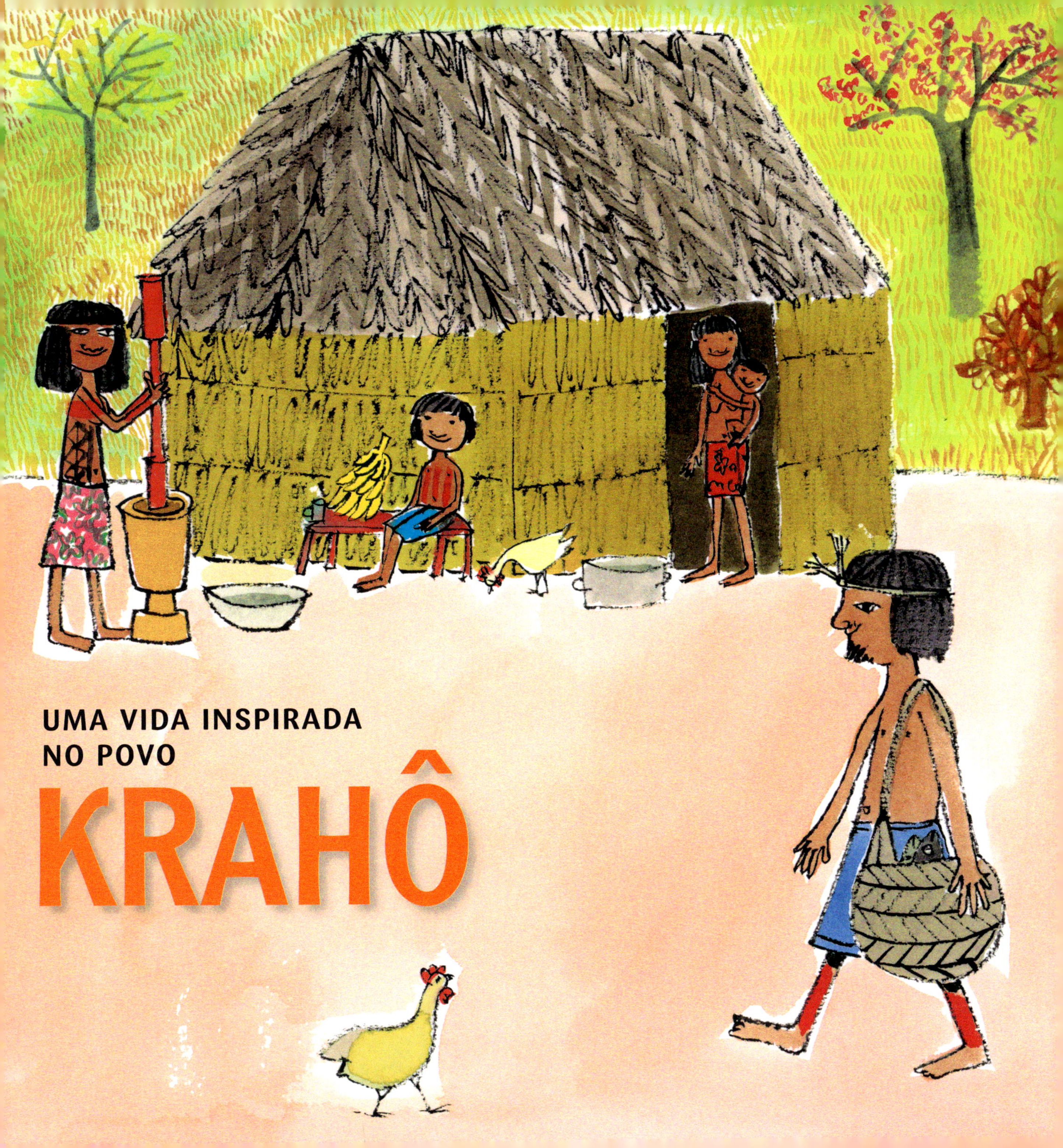

UMA VIDA INSPIRADA
NO POVO

KRAHÔ

ENFEITE DE PALHA
HỲ’CỲ

CÍRCULO DAS CASAS
KRĨĨKAPE

ENFEITE DE
ORELHAS
CÖJ

APITO DE CABAÇA
CÖ’CÕNRE

ENFEITE
FEMININO
KAXỲTPRẼP

PANO DE
ALGODÃO
KÖPẼXËË

PILÃO
KAHIIW

CASA

ËJCRE

CESTO

CỲHỲ

TORA DE ÁRVORE

CROW

O povo **KUIKURO** vive no Alto Xingu, no Mato Grosso, na passagem entre a Floresta Amazônica e o Cerrado, e soma cerca de 650 pessoas. Há muitos casamentos entre os povos da região, que falam línguas diferentes, mas vivem de modo parecido. Suas aldeias têm formato oval, com grandes casas de madeira cobertas de sapê. Em cada casa podem viver bem mais de cem pessoas! No pátio central entre as casas, eles fazem grandes festas, com convidados de outras aldeias alto-xinguanas. Os **KUIKURO** vêm fazendo alianças com outros moradores da região para cuidar das nascentes do rio Xingu, que estão ficando poluídas com os venenos usados nas plantações das fazendas nos arredores.

UMA VIDA INSPIRADA NO POVO

KUIKURO

CASA
ÜNE

COCAR
HÜGEKU

FLAUTA
ATANGA

MULHER
ITÃO

JOGO ENTRE DOIS LUTADORES
IKINDENE

REDE
ETIGE

BRINCO
HANGAPU

HOMEM
ITOTO

As casas dos **GUARANI MBYA** costumam ser de madeira e barro, cobertas com folhas de palmeira. Boa parte das suas aldeias fica na região da Mata Atlântica, às vezes perto do mar. As casas são espalhadas e não precisa haver um pátio central, mas costuma existir uma construção maior em que todos se reúnem no final do dia para cantar, dançar e rezar.

No Brasil, os **GUARANI MBYA** somam cerca de 13 500 pessoas, a maioria vivendo nas regiões Sul e Sudeste (há ainda uma aldeia bem distante, no Pará). Eles também moram no Paraguai, na Argentina e no Uruguai e falam a língua guarani. Muitas de suas terras viraram cidades, fazendas e estradas, por isso eles lutam pelas que restaram e para poder seguir vivendo do seu jeito.

UMA VIDA INSPIRADA
NO POVO

GUARANI MBYA

MATA
KA’AGUY

CRIANÇAS
KYRINGUE

ÁGUA
YY

BRINCADEIRA DA MANDIOCA
MANDIO NHANHEVANGA

QUATI
XI’Y

PLANTAÇÃO

MA'ETỸ

CASA

OO

MULHER

KUNHÃ

MILHO

AVAXI

MENINO

AVA'I

Sobre a autora

LÍGIA MACEDO CAMPOS

Meu nome é Valéria Macedo e sou antropóloga, uma profissão em que se estudam os diversos jeitos que povos ou grupos de pessoas vivem e como dão significado ao seu mundo.

Aprendi muito sobre os indígenas nos anos em que fui pesquisadora e editora do programa Povos Indígenas no Brasil, do Instituto Socioambiental (ISA). Depois, passei a fazer pesquisas na universidade e hoje dou aulas de antropologia no Departamento de Ciências Sociais da Unifesp, além de ser pesquisadora-colaboradora do Centro de Estudos Ameríndios da USP.

Há uma década, tenho relações de amizade e trabalho com os Guarani na Terra Indígena Ribeirão Silveira, no litoral paulista, e em aldeias na cidade de São Paulo.

Sobre a ilustradora

ARQUIVO PESSOAL

Meu nome é Mariana Massarani. A mãe da minha mãe nasceu na cidade de Parnaíba, no Piauí, e tinha sangue indígena. Mas não sei de qual povo, pois parece que por lá viveram muitos.

Cresci ouvindo histórias incríveis sobre meu tio José Medeiros, que era fotógrafo e, entre 1949 e 1957, viajou com os irmãos Villas-Bôas fazendo expedições pelo Brasil Central, uma parte do país que ninguém conhecia na época.

Nessas viagens, eles encontravam povos indígenas que nunca tinham visto um homem branco.

Uma vez meu tio convidou dois amigos camaiurás, Canato e Munhoapí, para conhecer o Rio de Janeiro. Eles vieram e adoraram!

Algumas fotos dessa época, tiradas pelo meu tio, estão no site do Instituto Moreira Salles: <http://www.ims.com.br/ims/explore/artista/jose-medeiros>.

Adorei pesquisar para poder ilustrar este livro. Descobri e aprendi um monte de coisas muito bacanas!

Já ilustrei outros 150 livros para crianças e adultos.

Ganhei o prêmio Jabuti quatro vezes!

Tenho um blog onde mostro meus desenhos: <marianamassarani.blogspot.com.br>.

FSC
www.fsc.org
MISTO
Papel | Apoiando o manejo florestal responsável
FSC® C112738

A marca FSC® é a garantia de que a madeira utilizada na fabricação do papel deste livro provém de florestas que foram gerenciadas de maneira ambientalmente correta, socialmente justa e economicamente viável, além de outras fontes de origem controlada.

Esta obra foi composta em Sari e impressa em ofsete pela Lis Gráfica sobre papel Couché Design Matte da Suzano S.A. para a Editora Schwarcz em agosto de 2025